Bono&Co
Was für ein Hundeleben...

www.bonoundco.de

Das Leben ist schön

Schwere Entscheidung

Fitnesstrainer

Dreckspatz

Gipfelstürmer

Es heißt: der Weg ist das Ziel...

...aber am Ziel ankommen ist auch nicht übel... nicht wahr?

Unheimliche Begegnung

Weltrekord

Eifersucht

Wasser und Brot

Spiele

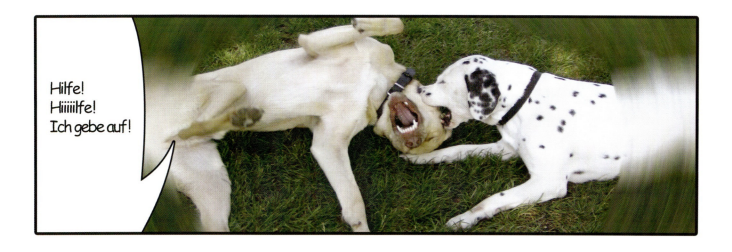

Wasserscheu

Wachhund

Viel zu kalt

Sehnsucht

Fliegen

Nasse Füße

Frühjahrsmüdigkeit

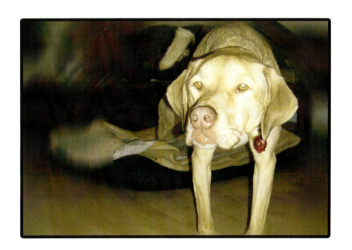

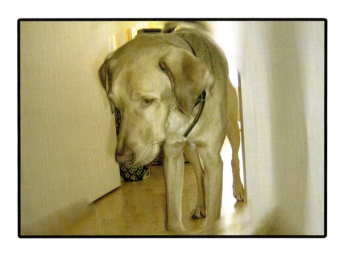

Es gibt so Tage... die verbringt man am besten mit Schlafen... ist wohl Frühjahrsmüdigkeit, oder?

Tiefschlaf

Geteilte Arbeit

Wie wäre es, wenn du deine Pfoten mal in die Hand nimmst und etwas mithilfst... anstatt nur blöd zu schauen?

Na bitte, geht ja!

Delikatessen

Hochsprung

So ein Mist … wieder nicht geschafft. Wieso nur? Brauche ich einen noch größeren Anlauf?

Fressgier

Knoten

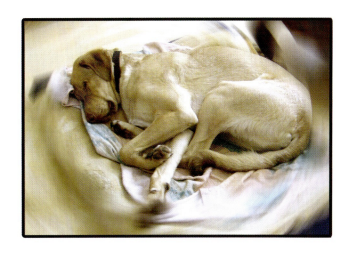

Oh je... ich habe einen Knoten in meinen Beinen!

Was gibt es da denn so zu lachen?

Das kann doch jedem mal passieren!

Oh je! Das ist mir jetzt aber richtig peinlich!

Hundetango

Liebster Feind

Neugier

Jetzt wartet doch mal ... was gibt es da so Interessantes?

Jetzt sagt es mir halt ... ich kann es nicht erraten! Da war doch was!

Ihr seid gemein ... nichts verraten und mich auslachen!

Keines Blickes

Kindheitserinnerungen

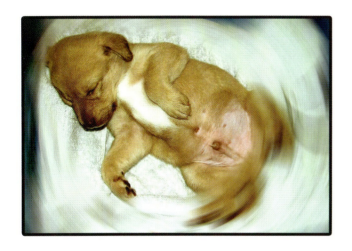

Hundewetter

Kletterprofi

Mut

"Ich bin schwer beeindruckt! Was für ein mutiger Hund!"

"Er schwimmt unter Einsatz seines Lebens durch die reißenden Fluten..."

"...und das alles wegen einem Stöckchen!"

Langeweile

Es gibt so Tage, da passiert einfach nichts... nichts als gähnende Langeweile!

Schlechte Manieren

Politikergerede

Ungerecht

Wald

Fischen

Vergiss es lieber... einen Fisch wirst du niemals erwischen!

Ich befürchte du hast recht. Schade aber auch!

Wasserspiele

Romantik

Was gibt es Wichtigeres im Leben, als einen besten Freund zu haben, mit dem man die Schönheiten des Lebens teilen kann!

Und natürlich möchten ich und mein Frauchen uns ganz herzlich bei allen bedanken, die uns überhaupt erst einmal überredet haben, aus meinen Erlebnissen ein Buch zu machen und bei all denen, die mit Rat und Tat bei der Erstellung dieses Buches mitgeholfen haben.
Bald werdet ihr wieder von mir hören!
Ein dickes Wuff
euer Bono

Impressum:
1. Auflage Dezember 2007
Copyright © 2007 by Bono Verlag, Dominique Mueller, Muenchen
www.bonoundco.de
Konzeption, Redaktion: Dominique Mueller
Copyright © 2007 Fotos, Umschlaggestaltung, Konzept: Dominique Mueller
Druck und Bindearbeit: Ludwig Auer GmbH, Donauwoerth
Printed in Germany

ISBN 978-3-00-023405-7